ARMAND BOURGEOIS

LE

SALON DE CAZOTTE

A PIERRY EN 1784

AVEC UNE INTRODUCTION

PAR ALEXANDRE PIEDAGNEL

CHALONS-SUR-MARNE

IMPRIMERIE MARTIN FRÈRES, PLACE DE LA RÉPUBLIQUE.

—

1890

LE SALON DE CAZOTTE

A PIERRY EN 1781

AVANT-PROPOS

Ma dédicace n'a pas seulement pour but de s'adresser au personnage de grand mérite qu'est Monsieur le Ministre plénipotentiaire de la République du Chili; elle vise tout aussi bien le côté historique qu'il représente, côté historique qui doit intéresser Pierry à un haut degré.

Les événements avaient conduit la branche cadette des Cazotte à aller faire souche nombreuse au Chili, où ils transportèrent avec eux les qualités de la race française.

Ils y acquirent même une grande notoriété.

C'est ainsi que M. Carlos Antuñez y épousa Mlle Laure de Cazotte, fille de M. Henri de

Cazotte, ancien chargé d'affaires de France à Santiago.

M. Henri de Cazotte était petit-fils de Jacques Cazotte, qui nous occupe dans le récit suivant.

M. Antunez est donc l'arrière petit-fils par alliance de l'auteur du *Diable amoureux*, et de tant d'autres choses charmantes, qu'à un siècle de distance de célèbres éditeurs se plaisent à faire revivre, pour les bibliophiles, avec de fins introducteurs comme Octave Uzanne et Alexandre Piedagnel.

Il n'est pas que des survivants de la branche cadette.

Je me plais à citer MM. Jacques, Ferdinand et Charles de Cazotte.

M. Ferdinand de Cazotte qui m'est plus particulièrement connu, est attaché au Ministère de la Guerre.

Il n'est pas de petits faits qui ne méritent d'être signalés, quand il s'agit d'une intéressante figure comme celle de Jacques Cazotte.

Dans la famille de branche aînée, on

conserve pieusement le chapeau et le Livre d'heures qu'avait Jacques Cazotte au moment de monter à l'échafaud.

Au Musée de Châlons-sur-Marne, existent deux bien jolies toiles représentant le charmant conteur du XVIII siècle, ainsi que Madame Cazotte.

Et l'on sait que tout amateur considèra comme une bonne fortune de retrouver quelque Edition originale des Œuvres du premier Maire de Pierry.

Je n'avais pas encore dit que Cazotte pouvait revendiquer ce modeste, mais estimable titre.

Ce sera mon mot de la fin.

Armand BOURGEOIS.

INTRODUCTION.

Cette esquisse d'un salon hospitalier, en 1784,
est due à un lettré qui aime passionnément le
XVIIIe siècle. Certes, nous ne songeons point à
lui en faire un crime: il nous paraît juste,
au contraire, de le complimenter. Naguère,
M. Armand Bourgeois promenait les fidèles
amis du passé dans l'appartement d'une grande
dame — tout rempli de tableaux choisis, de fins
bibelots, de meubles élégants et artistiques, de
gravures et de livres délicieux, — et ils se
félicitaient de l'avoir pour guide. Maintenant,
le voici qui évoque à souhait la douce et rêveuse
figure du bon Cazotte, et les pages alertes qu'il
consacre à cette résurrection d'un écrivain sédui-

sant et original ont, en même temps, de la couleur, du naturel et de la grâce.

L'auteur du DIABLE AMOUREUX est de ceux qui méritent de vivre dans un harmonieux demi-jour. Il fut à la fois un honnête homme, un mystique et un charmeur. Tour à tour insouciant ou mélancolique, il écrivit dans sa jeunesse des fables, des ballades et de joyeuses chansons, et, plus tard, des contes dignes des MILLE ET UNE NUITS, et des poèmes en prose, un peu démodés aujourd'hui, mais où l'on rencontre des détails exquis. Arrivé à l'âge mûr, il composa surtout des romans fantastiques, et — chose étrange ! — le merveilleux de ses récits lui semblait véritable. Cet illuminé, si sympathique, racontait lui-même volontiers ses impressions singulières, avec l'accent le plus convaincu :

« Nous vivons tous, disait-il, parmi les esprits de nos pères ; le monde invisible nous presse de tous côtés ;... il y a là sans cesse des amis de notre pensée qui s'approchent familièrement de nous... Des voiles obscurcissent la matière. Par une initiation que je n'ai point cherchée et que souvent je déplore, j'ai soulevé ces voiles comme le vent soulève d'épais brouillards. Je vois le bien, le mal, les bons et les mauvais ; quelquefois la confusion des êtres est telle à mes regards que je ne sais pas toujours distinguer au premier moment ceux qui vivent dans leur chair de ceux qui en ont dépouillé les apparences grossières... »

Né à Dijon, en 1720, Jacques Cazotte mourut à Paris, sur l'échafaud dressé place du Carrousel, le 25 septembre 1792. Ses dernières paroles, prononcées d'une voix haute et ferme, furent : « Je meurs comme j'ai vécu, fidèle à Dieu et à mon roi. »

La jolie plaquette de M. Armand Bourgeois ne demande pas une longue préface. Gardons-nous donc de l'alourdir ! — Qu'il nous soit permis seulement, avant de prendre congé du lecteur, de lui fredonner trois couplets d'une gaie villa-nelle de Jacques Cazotte, que chantait notre grand'tante, en ses jours de belle humeur :

> Que de maux soufferts,
> Vivant dans vos fers, Thérèse !
> Que de maux soufferts,
> Vivant dans vos fers !

> Si vers les genoux
> Mes bas ont des trous, Thérèse,
> A vos pieds je les fis tous :
> Ainsi qu'on s'en prenne à vous !

> Vous avez vingt ans
> Et mille agréments, Thérèse :
> Mais aucun de vos amants
> Ne vous dira dans vingt ans :

> Que de maux soufferts, etc.

Connaissez-vous, du même poète, la chanson naïve et ensoleillée : O JOLI MOIS DE MAI ! *qui embaume comme une fraîche touffe de muguet des bois :*

> Pour le premier jour de mai
> Soyez bien réveillée !
> Je vous apporte un bouquet
> Tout de giroflée.
> Un bouquet cueilli tout frais,
> Tout plein de rosée.

La fameuse cabale des Juifs, les mensonges audacieux de Cagliostro et l'obscure théosophie de Martine, ne valent pas, assurément, ces riants souvenirs d'avril. — Le pauvre Cazotte a dû maintes fois regretter les années heureuses où il improvisait ces aimables refrains. Hélas! l'avenir était gros d'orages terribles! Malgré sa seconde vue, l'auteur d'OLLIVIER et du LORD IMPROMPTU ne prévoyait point alors les épouvantables angoisses de sa dernière heure!

ALEXANDRE PIEDAGNEL.

Neuilly, 10 Octobre 1889.

LE

SALON DE CAZOTTE

A PIERRY EN 1784

On sait peu ou point que le salon de Cazotte, à Pierry, mérita d'être cité parmi ceux du meilleur monde, du meilleur ton et du plus bel esprit, comme on dirait de nos jours.

Il y avait des deux dans le salon de Cazotte, de la Cour et de la Ville. En un mot, il aurait fait sensation, à notre époque de rapide publicité et de mondanéités colportées.

Il connut de véritables illustrations du dix-huitième siècle, appartenant à la noblesse, aux lettres et aux arts. Nombre de conversations fines, spirituelles, empreintes du ton mi-badin, mi-philosophique que Voltaire, Rousseau, Diderot, d'Alembert et Condorcet avaient mis à la mode, furent souvent présidées par Cazotte, dans cette demeure qu'on voit encore et dont l'aspect extérieur n'est pas trop modifié, malgré les appropriations subies, car elle a été convertie de nos jours en un groupe scolaire.

Mais ils ne sont plus ces beaux jardins où se promenèrent de gracieuses femmes et d'élégants gentilshommes. En effet, lors de l'acquisition par la commune, ils furent aliénés entre divers.

Enfin, les archives que j'ai pu consulter ici ou là, les documents verbaux que j'ai pu recueillir, tant de la part de vieillards très âgés que de celle d'un arrière petit-fils de Jacques Cazotte, m'ont permis de reconstituer le Salon de ce charmant conteur du dix-huitième siècle.

Il affectionnait beaucoup ce village où il passa les trente-deux dernières années de son existence, et où il fut arrêté pour aller porter quelque temps après sa tête sur l'échafaud révolutionnaire.

La plupart de ses ouvrages, dont quelques-uns, autant de petits chefs-d'œuvre, font encore aujourd'hui le régal des lettrés, furent composés

dans sa tranquille et ravissante demeure de
Pierry.

. .

Il n'est point paradoxal de dire que la
demeure d'un homme de lettres suppose en
même temps celle d'un artiste, ou du moins
d'un amateur intelligent d'objets artistiques.

Ce cas, essentiellement vrai de nos jours, se
rencontrait déjà au siècle précédent.

Telle était, en effet, la maison de Jacques
Cazotte, à Pierry.

Au point de vue de l'architecture, elle se
ressentait et se ressent encore, puisqu'elle est
toujours sur pied, des lignes froides qui mar-
quèrent la fin du règne de Louis XVI et allèrent
en s'accentuant dans la suite. Mais son charme
résidait avant tout dans l'intérieur, où des
toiles de maîtres, des gravures exquises, de ces
meubles Louis XV que tant de collectionneurs
voudraient faire surgir de terre, s'ils avaient
en main quelque baguette de fée, souriaient
partout aux visiteurs.

Les corps de bibliothèque laissaient lire sur

le dos des volumes des titres à attirer tout gour-
met des lettres, qu'était le maître de céans. Ce
charmant conteur devait aimer en effet des écri-
vains comme Regnard, Marivaux, Gresset et
Sedaine. Non pas qu'il fût insensible à la grande
littérature : il avait les plus belles éditions il-
lustrées de Corneille, Racine et Molière. Il
avait réuni, en outre, un nombre important
d'ouvrages philosophiques, dont il aimait la
lecture et dont il se pénétrait, ce qui ne fait point
trouver étonnant qu'il soit devenu fervent
adepte d'une secte d'illuminés.

De même qu'on a vu et qu'on voit peut-être
encore, chez les classiques, d'enragés — le mot
n'est pas de trop — d'enragés amis d'Horace,
de même il avait un véritable culte pour Jean
de la Fontaine, son auteur favori.

Cazotte était un homme doux et bon, d'une
physionomie agréable et fine ; on en peut juger
par son portrait peint à l'huile que possède le
musée de Châlons, épave de tant d'autres
belles choses artistiques qui furent dispersées à
la suite de son arrestation ou de la vente des
biens nationaux.

Ce n'est point ici le lieu de faire sa biogra-
phie : mais quelle vie fut plus mouvementée,

plus noble, plus grande et de nature à toucher davantage, surtout au moment de son héroïque martyre aux jours néfastes de la Révolution, martyre auquel il faut associer le sublime dévouement de sa fille Élisabeth.

Maintenant que j'ai présenté Cazotte, pénétrons dans son salon où, par une belle journée de septembre, se trouve réunie une brillante société.

****

C'était après le dîner — on dirait déjeuner aujourd'hui — dîner où Cazotte avait fait savourer ses excellents vins rouges et blancs, tous tirés de sa propriété qui était immense, à en juger par un ancien plan.

Cazotte, et c'est ce qui faisait le succès, le recherché de ses réceptions, en plus des causeries où il excellait, étant un fort aimable amphytrion, avait une bonne cave. Il s'entendait à collectionner les vins tout comme les bibelots : il savait établir leur généalogie, les soigner, les grouper, déterminer leur âge et leur bouquet. Il ne trouvait rien de mieux sous ce rapport. ce qui n'était nullement malhabile, que de continuer les traditions de dom Pérignon, le moine d'Hautvillers bien connu, en sa qualité d'inventeur du vin de Champagne mousseux. Il était demeuré imbu desdites traditions et voici comme.

Ami intime du cellérier du monastère déjà nommé, qui prélevait une partie de dîme à Pierry, conjointement avec les religieux de Saint-Pierre de Châlons, seigneurs alors du village, il s'était fait admirablement renseigner par lui. Ce n'était pas sans raison, puisque le digne religieux était le successeur immédiat de dom Pérignon à la charge de cellérier. C'est assez dire qu'il avait été mis au courant des procédés auxquels la Champagne doit sa fortune actuelle. Preuve de plus que le silence du cloître était favorable à l'étude, même de celle des crus. Le bon moine ne pouvait donc qu'être un excellent professeur pour Cazotte, ceci dit sans malice. Et j'ajouterai que de services les moines. en remontant bien loin. ont rendus à la cause des vins, ces régénérateurs des corps et des esprits, ces *mens sana in corpore sano*, non seulement en Champagne, mais ailleurs !

Ne nous attardons donc pas davantage et

allons retrouver au salon les dames qui en
sont l'ornement et vis-à-vis desquelles, même
rétrospectivement, je ne voudrais pas passer
pour manquer de galanterie.

*
* *

Voulez-vous que je vous désigne les princi-
paux personnages qui causaient ou discutaient
ce jour au salon ?

Les dames d'abord.

La cour de Trianon n'aurait pu montrer
beaucoup de jolies femmes comme deux des
dames présentes : la duchesse de Coigny et la
comtesse de Coislin, cette dernière hôtesse de
la duchesse de Coigny en son château de
Mareuil-en-Brie, distant d'environ trois lieues.

Citons en continuant : la marquise d'Estour-
mel, châtelaine de Brugny ; la comtesse de
Meulan, châtelaine d'Ablois : la comtesse
de Failly, et parmi la noblesse du lieu, la
marquise de la Croix et les dames Tirant de
Flavigny. Nous devons ajouter naturellement à

cette liste Mme Cazotte et sa fille Elisabeth, dans le frais éclat de sa beauté virginale.

Les personnages masculins n'étaient pas moins intéressants, et l'on se plaît à les citer comme gens d'infiniment d'esprit : le marquis de Condorcet, Caron de Beaumarchais, Chamfort, Rameau, neveu du grand compositeur, musicien de talent lui-même ; Saint-Martin, le fondateur reconnu de la secte des *Illuminés martinistes*; le comte de Failly, seigneur des Conardins ; le comte de Meulan : le marquis Tirant de Flavigny et Quatre-Sous de la Motte, lieutenant du bailliage d'Epernay.

En 1784, l'esprit d'examen battait de plus en plus son plein, et croyances anciennes, bases séculaires étaient sapées à qui mieux mieux et les principes sociaux revêtaient des formes nouvelles. Les femmes n'étaient pas les moins ardentes à jouer du scepticisme et y apportaient même une sorte d'élégant badinage. Bref, la réunion dont il vient d'être parlé résumait on ne peut mieux l'époque de fiévreuse attente qui précéda 89, aux justes revendications.

Hélas ! 93 la leur fit payer cher.

Cazotte pourtant, à l'encontre de la plupart de ses hôtes, était loin de traiter ces idées

nouvelles à la légère, autant parce qu'il restait
inébranlablement fidèle aux institutions monar-
chiques, que parce qu'il avait déjà la divination
de la gigantesque catastrophe qui, quelques
années plus tard, devait fondre sur la vieille
société française.

Tout en regardant le récit de la Harpe comme
de pure invention, il n'en reste pas moins, et
des témoins de ses conversations l'ont redit
longtemps après sa mort, qu'il fut l'un de ceux
qui prévirent le mieux les terribles événements qui allaient surgir. Il le fit même d'une
façon tellement précise comme lignes générales,
qu'il terrifia ses auditeurs de ses sombres
tableaux, tableaux que la plus sinistre réalité
ne devait pas démentir, tant s'en faut.

— En vérité, mon cher Cazotte, était en train
de dire Chamfort, depuis quelque temps vous
tournez au morose; vous si gai d'habitude,
vous ne nous peignez plus que des tristesses;
il n'est pas jusqu'aux objets d'art que vous ne

choisissiez sombres et lugubres comme à des-
sein. Telle cette *Mort de Charles Ier*, magnifique
gravure, il est vrai, sur laquelle vos regards
s'arrêtent presque constamment.

— Ah! répond Cazotte, cette vision comme
malgré moi en appelle une autre et elle m'est
particulièrement douloureuse, parce qu'elle
nous touche, nous Français, parce qu'elle s'ap-
plique à notre roi actuel. Oui, malgré moi, il
me semble qu'il surviendra tels événements
dont Louis XVI sera la terrible victime, que
c'en sera fait de la royauté.

— Oh! oh! reprend la duchesse de Coigny
et avec elle tous les autres, moins Chamfort,
Beaumarchais et Condorcet, qui donc oserait
y toucher? On ferait bien vite entrer dans
l'ombre de tels audacieux.

— *Chi lo sa?* diraient les Italiens, hasarda
Beaumarchais.

— Les peuples sont devenus avides de
libertés, déclara Condorcet.

— Fi! donc, Messieurs, répartit la comtesse
de Coislin, quelle conversation pour des dames!
Ce serait à nous rendre toutes hypocondres, ce
serait vouloir faire une bien mauvaise réputa-
tion au vin de Pierry. Parlez-nous plutôt,

Monsieur de Beaumarchais, des réprésentations
de plus en plus courues du *Mariage de Figaro*,
et qui soulèvent à chaque fois les applaudis-
sements de la Cour et de la Ville.

— Un véritable chef-d'œuvre, dit Rameau.
Après le *Barbier de Séville* et le *Mariage de
Figaro*, ne songez pas à mieux faire, vous n'y
réussiriez point. Voilà qui suffit bien à vous
immortaliser.

— Et à conduire à l'Académie, ajouta Beaumarchais.

On le voit, ce n'est pas d'aujourd'hui qu'on se
permettait des ironies à l'égard de l'Institution
de Richelieu. Il est vrai qu'elle ne s'en porte
pas plus mal.

— Oui, c'est bien ainsi en France, on rit de
tout, s'écria Cazotte, on rirait même au bord de
l'abîme et vous me faites l'effet d'y toucher
déjà.

Pendant ce temps, Mme Cazotte prenait à part
Mme de Brugny et lui disait : « Je ne reconnais
plus mon mari : depuis que M. de Saint-Martin
l'a enrôlé dans son bataillon d'illuminés, il a
l'air de vivre presque constamment dans un
monde surnaturel. »

Chamfort, qui moins que personne consentait

à rester sur une impression fatidique, intervint à nouveau :

— Eh! bien, il y avait du bon dans ce que S. M. Louis XV exprimait un jour à des sages comme notre ami Cazotte : « *Après nous, le déluge!* » Après tout, pourquoi se faire du mal de ce qui n'est pas encore arrivé? Dame! j'ai beaucoup pratiqué Horace au collège des Grassins et je goûte fort ses maximes, mais mieux pourtant le vin de Pierry que je n'aurais goûté son Falerne. Bref, le bien est toujours bon à prendre en passant.

Tenez. Cazotte, abandonnez vos craintes à l'égard des idées nouvelles où vous voyez noir, quand j'y vois rose, car ma conviction à moi est qu'elles nous ramèneront l'âge d'or; lisez-nous plutôt un chapitre de vos *Contes villageois* en préparation, auxquels je veux prédire le même succès qu'obtint le *Diable amoureux.*

*
* *

Décidément, Chamfort avait rasséréné le ciel du spirituel badinage et de la joyeuse insouciance. Le conte détaché par Cazotte : *Colin et Colinette*, une délicieuse pastorale, fut lu par lui très joliment et prouva qu'il s'était retrouvé. Les rires les plus perlés soulignèrent ces gentillettes choses, l'auteur fut très entouré et très applaudi et les conversations prirent cette fois un ton franchement enjoué.

Chamfort, lui, était déclaré comme toujours un homme admirable et un boute-en-train par excellence.

Mme de Failly souleva en ce moment cette motion : « Si, après la part des lettres, nous faisions celle des arts? Je soupçonne fort que M. Rameau a composé quelque chose de nouveau que Mme Cazotte serait bien aimable de jouer sur son clavecin. »

Cette musique, trouvée originale, plut beaucoup et fit dire de Rameau : Tel oncle, tel neveu; on ne pouvait donc lui faire un meilleur compliment.

De la musique on passa de nouveau à la littérature et ce fut au tour de M. Tirant de Flavigny de porter cette autre motion : « Je réclamerai maintenant de mon ami Cazotte — tant pis s'il se plaint d'être trop mis à contribution — une fable; il n'en est jamais à court, et, indépendamment de les si bien faire, il sait si bien les dire. C'est le La Fontaine de Pierry.

Cazotte s'exécuta.

Certes, il n'était plus question de sombres pressentiments.

Toutefois, on comptait sans M. de Condorcet qui avait pris à partie M. Quatre-Sous de la Motte.

— Je vous le répète, disait le premier au second, ce monde est trop vieux, il a besoin d'être rajeuni et rajeuni par la liberté. L'esprit d'observation et d'examen fera crouler petit à petit et peut-être tout d'un coup de criants abus. Selon moi, le jour approche où le peuple voudra être plus souverain que le roi ou tout au moins partager efficacement le pouvoir avec lui et où le roi ne dira plus : L'État, c'est moi.

— Tenez, dit Cazotte, si cette révolution-là n'était faite que par des sages, elle nous ramènerait l'âge d'or dont parlait Chamfort ; mais, je vous le déclare, il n'y aura pas que les sages qui y mettront la main, les modérés céderont la place aux forcenés, aux hommes d'excès et de meurtre et alors ce sera l'âge de fer. Voulez-vous du progrès à ce prix ?

— Allons, mon cher Cazotte, reprit Chamfort.

cela est-il possible? Moi aussi, je suis pour
le progrès que prêchent nos philosophes, je
donne tout le premier dans ces idées ; mais tout
cela, croyez-moi, s'opérera pacifiquement. Le
roi lui-même n'y fait pas obstacle en principe.

A ce moment les yeux de Cazotte se tour-
nèrent tristement et longuement vers le tableau
qui représentait la mort de Charles Ier.

*
* *

C'est alors qu'un incident tout particulier
vint ajouter une nouvelle note à la physionomie
si pleinement intéressante du salon de Cazotte,
ce jour-là.

Un domestique vint annoncer que le chevalier de Plas, officier au régiment de Poitou, et
qui se rendait en berline à Sézanne, venait de
verser, une roue du véhicule s'étant démontée,
et qu'il sollicitait l'honneur d'être reçu par
M. Cazotte, en attendant qu'on eût remédié au
mal.

Cazotte, l'homme aimable et hospitalier que

l'on connaissait, s'empressa de déférer à ce vœu.

L'entrée du chevalier produisit une réelle sensation et la partie féminine du salon ne fut pas celle qui le dévisagea le moins.

C'était, en effet, un jeune homme fort distingué, à la fine moustache, aux traits réguliers, sans être efféminés, en un mot, au visage le plus avenant du monde.

Que de fois l'avenir peut dépendre d'une simple entrevue.

Le chevalier, d'un esprit aimable, se fut bientôt lié avec les hôtes de Cazotte; mais de toutes les personnes présentes, celle qui attira le plus son attention, ce fut Elisabeth Cazotte, toute jeune fille encore et déjà d'une suave beauté. Ce rayonnement ne l'abandonna plus depuis, car, en 1791, il reparut à Pierry pour demander la main de celle qui avait fait cette impression durable dans son esprit et dans son cœur. Hélas ! de terribles événements devaient se jeter au travers de cette aurore, de ces amours si pleines de charme et de poésie. Ce n'est que dix ans après, de retour d'émigration, que le chevalier de Plas put enfin épouser Elisabeth. Ce ne fut pas pour longtemps malheureusement, puisqu'un an après cette union, elle périt en mettant un enfant au monde.

Je fais maintenant quitter le salon de Cazotte à mon lecteur, de même que le quittèrent aussi ses hôtes, pour aller dans les vignes de leur amphytrion goûter sur place aux raisins, à la maturité déjà prononcée et promettant une bonne et abondante récolte.

Une grappe que détacha Elisabeth, pour l'offrir au chevalier de Plas, ne fut pas le moindre beau souvenir que ce dernier emporta de Pierry sur le soir.

Armand BOURGEOIS.

Châlons. Imp. Martin frères.

Revue Littéraire & Artistique

DE LA CHAMPAGNE

(Revue mensuelle de 24 pages grand in-8°)

Abonnements :

Un An. . . . . 6 fr.
Six Mois. . . . . 3 fr.

On peut s'abonner :

A Châlons-s-Marne, chez MM. Martin frères;

A Epernay (Marne), chez M. Planson, et chez Mlle Hortense Mathieu, Libraires, rue de Châlons.

www.ingramcontent.com/pod-product-compliance
Ingram Content Group UK Ltd.
Pitfield, Milton Keynes, MK11 3LW, UK
UKHW031734170726
13836UKWH00002B/646